JACOB BURCKHARDT-GESPRÄCHE
AUF CASTELEN

26

Peter Bieri

Eine Erzählung schreiben und verstehen

SCHWABE VERLAG BASEL

© 2012 Direktorium der Jacob Burckhardt-Gespräche auf Castelen,
Universität Basel, und Schwabe Verlag Basel
Gesamtherstellung: Schwabe AG, Muttenz/Basel
ISBN 978-3-7965-2832-3

www.schwabe.ch

In seiner Novelle *Das Versprechen* erzählt Friedrich Dürrenmatt vom Kriminalkommissar Matthäi, der den Eltern eines missbrauchten und getöteten Mädchens verspricht, den Täter um jeden Preis zu finden – «bei seiner Seligkeit», wie der Text sagt. Der vermeintliche Täter, der nach einem endlosen Verhör gestanden hatte, erhängt sich kurz darauf in seiner Zelle. Matthäi zweifelt an seinem Geständnis. Sein Dienst bei der Zürcher Polizei ist jedoch mit diesem Tag zu Ende, er muss ins Flugzeug nach Jordanien, um eine neue Stelle anzutreten. Da trifft er auf der Rollbahn des Flughafens eine folgenschwere Entscheidung: «Die Stewardess, die die Reisenden zur Maschine geführt hatte, hielt die Hand hin, um Matthäis Karte in Empfang zu nehmen, doch der Kommissär wandte sich aufs neue um. Er schaute auf die Kinderschar, die glücklich und neidisch zu der startbereiten Maschine hinüberwinkte. ‹Fräulein›, sagte er, ‹ich fliege nicht›, und kehrte ins Flughafengebäude zurück, schritt unter der Terrasse mit der unermesslichen Schar der Kinder hindurch dem Ausgang zu.»

Der Anblick der Kinder hat Matthäi klargemacht, dass er den wirklichen Täter finden muss – so, wie er es der Mutter versprochen hat. Er wolle die vielen Kinder vor dem noch nicht gefassten Täter schützen, sagt er. Doch man erklärt Matthäi, es sei zu spät, er könne nicht zurück in den Dienst.

Damit beginnt der entscheidende Teil der Geschichte, in deren Verlauf Matthäi zum Trinker wird und alles verliert, auch seine moralische Integrität und seine Würde. Aus einer Kinderzeichnung schliesst er, dass der Täter aus dem Graubünden stammt. Und so pachtet er auf der Strecke zwischen Chur und Zürich eine Tankstelle und wartet, dass der Täter vorbeikommt. Als Lockvogel dient ihm das Mädchen einer Prostituierten, mit der er sich zusammengetan hat. Matthäi, früher der beste Mann der Zürcher Polizei, sitzt nun trinkend vor der Tankstelle, er raucht und stiert vor sich hin, tagelang, wochenlang.

«So wartete er denn. Unerbittlich, hartnäckig, leidenschaftlich. Er bediente seine Kunden, tat seine Arbeit, Benzin einfüllen, Öl, Wasser nachfüllen, Scheiben wischen, immer die gleichen mechanischen Hantierungen. Das Kind war neben ihm oder beim Puppenhaus, wenn es von der Schule zurückkam, trippelnd, hüpfend, staunend, vor sich hinredend, oder sass singend auf der Schaukel mit fliegenden Zöpfen und rotem Röcklein. Er wartete und wartete. Die Autos fuhren an ihm vorbei, Wagen in allen Farben und Steuerklassen, alte Wagen, neue Wagen. Er wartete.»

Was kann es heissen, eine solche Erzählung zu verstehen? Und was geschieht mit jemandem, der sie schreibt?

Handlung und Figuren verstehen

Das erste, was wir verstehen, ist der *Inhalt* der Erzählung. Und das erste, was wir am Inhalt verstehen, ist die *Handlung*: dasjenige, was geschieht und was getan wird. Und um die Handlung zu verstehen, müssen wir die *Figuren* verstehen: Wir müssen die Gründe verstehen, aus denen sie handeln, und wir müssen verstehen, wie sich die Gründe aus der seelischen Identität der Figuren ergeben.

Dieses Verstehen kann oberflächlich und schematisch sein und klänge so: «Der Kommissar will den Mörder des Mädchens fangen. Er glaubt, dass er regelmässig diese Strecke fährt. Also pachtet der die Tankstelle und ködert ihn mit dem Mädchen. Er ist ein sturer Hund und kann warten. Aber das Warten ist natürlich langweilig, also trinkt er.»

Doch das Verstehen von Handlung und Figuren kann auch ein tieferes Verstehen sein. Seine Tiefe bekommt es durch eine Fähigkeit, die wir Einfühlungsvermögen nennen und auch soziale Phantasie nennen könnten: Wir versetzen uns hypothetisch in die Lage eines Anderen und bilden sein seelisches Drama in uns nach. Es ist ein Verstehen durch Nachvollziehen. (Das Englische hat dafür ein treffendes Wort: *reenacting*. Man führt das Drama in sich noch einmal auf.) Was würde ich in seiner Lage denken, fühlen, wünschen und tun?, fragen wir uns. Und in dem Masse, in dem es uns ähnlich ginge wie dem Anderen, sagen wir: Ich verstehe ihn, oder aber: Er bleibt mir in seinem Denken, Fühlen und Tun unverständlich und fremd.

Wenn wir von Kommissar Matthäi lesen, versetzen wir uns in Gedanken aufs Rollfeld, sehen die Stewardess mit der ausgestreckten Hand vor uns, blicken zurück zu den Kindern und haben den Eindruck: Ja, das hätte mir auch passieren können, dass ich umgedreht und zurückgegangen wäre, um den Fall wiederaufzunehmen.

Schwieriger wird es, wenn man von der Tankstelle liest und dem Vorhaben des Wartens auf unbestimmte Zeit. Die Chancen, den Täter auf diese Weise zu erwischen, sind minimal. Es sind doch Tage, Wochen und Monate von Matthäis Leben, die auf diese Weise in leerem Warten vergehen. Es ist ein Leben, in dem einer versucht, durch Warten etwas herbeizuzwingen, über das er absolut keine Kontrolle hat. Eine Verrücktheit also. Könnte mir das auch geschehen?, fragt man sich als Leser.

Die Frage wird dazu führen, dass man sich eigenes Tun vergegenwärtigt, hinter dem mächtige Kräfte standen, obwohl es gegen die Vernunft war. Das Lesen der Geschichte stellt das eigene Selbstbild auf den Prüfstand und öffnet dunkle Korridore der Erinnerung. Und so wird es auch sein, wenn wir davon lesen, wie Matthäi das Kind und seine Mutter als blosse Mittel zum Zweck missbraucht und damit etwas beispielhaft Unmoralisches tut. Wären wir dazu auch fähig?, fragen wir uns, und: Haben wir nicht tatsächlich auch schon so gehandelt?

Eine interessante Erzählung zeigt uns Figuren, an denen wir sehen, wie vielschichtig Menschen sind, wie oft die oberflächliche Rationalität durchbrochen wird, wie zerbrechlich eine emotionale Identität sein kann. Kommissär Matthäi, der uns anfangs als ruhiger, überlegter, berechenbarer Mann vorgestellt wird, lässt seine neue Aufgabe in Jordanien einfach sausen und wird von einer Unterströmung in sich selbst erfasst, die ihn zum Alkoholiker macht, der an einer Tankstelle vor sich hin stiert. Wie konnte das passieren? Was war da in ihm angelegt an Verbohrtheit und Fanatismus, das sich Bahn brach? Woher diese Grausamkeit, die ja auch eine Grausamkeit gegen sich selbst ist? Und könnte Ähnliches auch mir passieren?

Kunstvolle, literarische Erzählungen erinnern uns auf diese Weise an uns selbst und sind in diesem Sinne eine Quelle der Selbsterkenntnis. Das können sie nur deshalb sein, weil sie einem wichtigen Gedanken verpflichtet sind: nie die Komplexität des menschlichen Denkens, Fühlens und Handelns zu unterschätzen. Der Geist des literarischen Erzählens ist der Geist der Komplexität. Ein literarischer Erzähler kämpft einen Kampf gegen zu einfache, eindimensionale Vorstellungen vom menschlichen Tun.

Weil literarische Erzählungen auf diese Weise einen Prozess der Selbstbefragung und Selbsterkenntnis in Gang setzen, sind sie ein herausragendes Mittel der Bildung. Bildung in einem reichen, gewichtigen Sinne des Wortes ist ein Geschehen, in dessen Verlauf ich mein Verständnis davon, was in einem menschlichen Leben alles geschehen kann, erweitere und vertiefe. Wie wenn ich von der Verwandlung eines nüchternen, durch und durch vernünftigen Kommissars in einen Alkoholiker lese, der skrupellos alles seinem fanatischen Warten unterordnet. Die Fähigkeit, Erzählungen zu verstehen, statt sie nur zu konsumieren, ist die Fähigkeit, sich durch eine Erzählung verwandeln zu lassen: nach der Lektüre nicht mehr ganz der gleiche zu sein wie vorher, weil ich an anderen und mir selbst etwas Neues verstanden habe. Wenn ich diese Erfahrung mit einer Erzählung mache, erlebe ich sie als fesselnd.

Das Thema verstehen

Doch mit dem Verstehen der Handlung und der Figuren einer Erzählung hat man noch längst nicht alles an ihrem Inhalt verstanden. Es gilt, auch das zu verstehen, was man ihr *Thema* nennen kann. Was ist das?

Milan Kundera schreibt: «Der Roman ist eine Meditation, welche, über imaginäre Figuren, auf den Grund der Existenz geht … Ein Thema ist eine existentielle Fragestellung … Ich konstruiere meine Romane von jeher auf zwei Ebenen; auf der ersten Ebene komponiere ich die romaneske Geschichte; darüber entwickle ich die Themen. Die Themen werden durchgehend *in* der romanesken Geschichte und *durch* sie verarbeitet. Wo der Roman von seinen Themen abkommt und sich damit begnügt, die Geschichte zu erzählen, wird er platt» (*Die Kunst des Romans:* 108–110).

Was beispielsweise ist das Thema von Dürrenmatts Geschichte? Was ist die existentielle Fragestellung, die hinter ihr steht?

Peter Handke notiert: «Von Dürrenmatt *Das Versprechen* gelesen: ein Bedürfnis, sich zu bedanken; für den Entwurf eines nicht den Tatsachen gehorchenden Lebens.» So also versteht Handke das Thema des Buches: Es handelt von einem Leben, das sich seinen Vollzug und seinen Sinn nicht von den Tatsachen vorschreiben lässt, und man könnte hinzufügen: auch nicht von Wahrscheinlichkeiten. Matthäi lässt das geordnete Leben eines Polizeibeamten, das stets auf Tatsachen und Belege hin ausgerichtet war, hinter sich und lebt nur noch der einen Idee: den Mann zu fassen, der den Mädchen Schokolade gibt – ganz gleich, wie gering die Chancen sind.

So, wie Handke das liest, geht es nicht einfach um eine fixe Idee, eine psychopathologische Merkwürdigkeit, über die man den Kopf schüttelt. Es geht um etwas Tieferes: um die Frage, woher wir die Energie und den Massstab unseres Lebens nehmen. Appelle an Zweckrationalität und Common Sense überzeugen uns irgendwann nicht mehr. Dann tun wir etwas scheinbar Verrücktes und überlassen uns mit klarem Blick einer Leidenschaft, einer Obsession, wissend, dass das in einer Katastrophe enden kann. So verstanden, könnte man sagen, handelt Dürrenmatts Geschichte von uns allen: von der Frage nach Vernunft und Unvernunft, nach Sinn und Unsinn des menschlichen Tuns.

Das Beispiel zeigt: Das Thema einer Erzählung zu benennen, heisst, in einer Sprache über sie zu sprechen, die abstrakter und allgemeiner ist als die Sprache des erzählten Geschehens. Eine Erzählung zu deuten, indem man ihr Thema bespricht, bedeutet stets einen Abstraktionsschritt. Es bedeutet, eine begriffliche Perspektive zu finden oder zu erfinden, die, obgleich sie natürlich genau auf die Erzählung passen muss, nicht in der Erzählung selbst schon zur Sprache kommt. Es gibt, könnte man sagen, einen gedanklichen Abstand zwischen dem Verstehen einer Erzählung im engeren Sinn und ihrer thematischen Deutung, und dieser Abstand bedeutet auch einen Spielraum für verschiedene Deutungen.

Handkes Lesart von Dürrenmatt ist ja nicht die einzige. Eine andere wäre: Die Erzählung handelt davon, was geschieht, wenn jemand versucht, ein Versprechen zu halten, komme, was wolle – sie wäre dann eine Meditation über die Idee der Selbstverpflichtung und über das Schreckliche, das sie zur Folge haben kann, wenn die Verpflichtung blind, über alle Veränderungen der Situation hinweg, aufrechterhalten wird. Und eine noch andere Deutung wäre: Hier wird vorgeführt, wie ein zutiefst moralischer Wille – einen Täter zu fassen und ein Versprechen zu halten – zu einem zutiefst unmoralischen Tun führen kann, in dem zwei Menschen – das Mädchen und die Mutter an der Tankstelle – zu puren Instrumenten gemacht werden. Auch diese anderen Deutungen führen, wie diejenige von Handke, «auf den Grund der Existenz», wie Kundera sagt.

Warum berührt uns Fiktion?

Wir wissen, dass es Matthäi, das Mädchen und die Mutter an der Tankstelle nicht wirklich gibt. Es sind pure Erfindungen. Trotzdem halten wir den Atem an. Wie ist das möglich?

Es wäre ein unlösbares Rätsel, wenn das Prinzip gelten würde: Etwas berührt uns nur, wenn wir es für wirklich halten. Doch das Prinzip gilt nicht. Uns beschäftigt – und zwar auch im Sinne starker Empfindungen – nicht nur, was tatsächlich der Fall *ist*, sondern auch, was der Fall sein *könnte*. Mit anderen Worten: Emotionale Bedeutung ist eng mit der Dimension des Möglichen verknüpft, wie sie uns in der Einbildungskraft gegenwärtig wird. Diese Verknüpfung ist in jeder fiktionalen Erzählung verwirklicht, und sie ist es, die der Literatur ihre bleibende Bedeutung verleiht.

«Der Roman erforscht nicht die Realität, sondern die Existenz», schreibt Kundera. «Und die Existenz ist nicht das, was sich abgespielt hat, die Existenz ist das Feld der menschlichen Möglichkeiten, ist all das, was der Mensch werden kann, wessen er fähig ist. Die Romanciers zeichnen die *Karte der Existenz*, indem sie diese oder jene menschliche Möglichkeit entdecken» (60).

Natürlich berührt und erschüttert uns auch, was tatsächlich geschieht und geschehen ist. Etwa, wenn wir *In Cold Blood* von Truman Capote lesen. Aber wir lesen, so Kunderas Gedanke, Literatur aus einem anderen Grund: um zu erfahren, was uns als menschlichen Wesen, die ein menschliches Leben zu leben haben, alles zustossen kann, von aussen wie von innen. Unmittelbar und am heftigsten berühren uns Möglichkeiten, die in der Nähe unseres tatsächlichen Lebens liegen – Erkrankungen und Trennungen etwa, Erfolge und Ächtungen, moralische Konflikte, die den unseren gleichen. Doch die kunstvolle Vergegenwärtigung von Erfahrungen fesselt und erschüttert uns auch dann, wenn es sich um Erfahrungen handelt, die weiter weg liegen: die Tragödie von Ödipus, das Drama von Anna Karenina, die Art, wie Humbert Humbert die Würde verliert, indem er sich von seiner Begierde nach Lolita tyrannisieren und von dem Mädchen demütigen lässt.

Es ist nicht schwer, sich auch von solchen Möglichkeiten gefangen nehmen zu lassen. Und es ist deshalb nicht schwer, weil auch solche Dramen in uns angelegt sind, und zwar einfach deshalb, weil wir Menschen sind. Es müsste vieles geschehen, bis wir dahin gelangen würden. Doch wir spüren: Es ist eine Schrittfolge denkbar, eine harmlos beginnende und immer tückischer werdende, die auch uns in eine solche Katastrophe treiben könnte. Das sind Möglichkeiten, die – um es paradox auszudrücken – für jeden Menschen *wirkliche* Möglichkeiten sind. Von ihnen handelt die Literatur, weil sie insgesamt davon handelt, wie es ist, ein Mensch zu sein.

Ein Thema finden

«Wo der Roman von seinen Themen abkommt und sich damit begnügt, die Geschichte zu erzählen, wird er platt», schreibt Kundera. Die Behauptung hat mich in ihrer grossen Entschiedenheit überrascht und dann nicht mehr losgelassen, weil sie mit etwas zu tun hat, was ich aus der Vorbereitung einer Erzählung gut kenne: Ich kann erst richtig beginnen, wenn mir klar geworden ist, welche grundlegende Erfahrung, welche menschliche Möglichkeit ich zur Sprache bringen möchte. Doch wie findet man so etwas heraus?

Es ist ein langsamer, langwieriger und umwegiger Prozess, der viel mit Selbstwahrnehmung und Selbsterkenntnis zu tun hat. Denn Themen kommen von innen auf einen zu, nicht von aussen. Nicht dass es keine Rolle spielte, was einem draussen begegnet. Aber äussere Ereignisse als solche, ganz objektiv betrachtet, sind einfach, was sie sind, und enthalten an sich selbst noch kein Thema, das eine Erzählung in Gang setzen könnte. Zu einem Thema werden sie erst, wenn sie auf ein Erleben treffen, für das sie bedeutungsvoll werden. Wenn man sie erzählt, spricht man über sie in dieser erlebten Bedeutung, und deshalb wird die Erzählung, wie indirekt auch immer, die Logik und Dynamik des Erlebens zur Sprache bringen, die letztlich das Thema ausmachen. Um diese Logik und Dynamik geht es, wenn man auf der Suche nach einem Thema ist.

Ich habe gelernt, bei dieser Suche auf drei Dinge zu achten. Das eine ist das *Erinnern*. Die Aspekte des Lebens, die einen besonders beschäftigen, zeigen sich an der Hartnäckigkeit und Aufdringlichkeit von Erinnerungen. Das Gedächtnis ist selektiv, und was es festhält, hat besondere Bedeutung. Die Zentren der erinnernden Schwerkraft sind deshalb Orte, an denen man nach dem Stoff von Erzählungen suchen kann. Freilich reicht es nicht, auf die rohen Erinnerungsbilder zu starren. Es gilt, sie zu entschlüsseln und herauszufinden, wofür sie stehen und was ihre emotionale Wucht ausmacht. Genau das kann man tun, indem man das Erinnerte in eine erzählte Episode verwandelt. Wenn man Glück hat und einen Nerv trifft, wird aus der einen Episode eine weitere und noch eine. Und spätestens dann merkt man, dass man längst über den passiven Bericht von Erinnertem hinausgegangen und in einen Prozess eingetreten ist, in dem die Logik des Erzählens die Regie über alles andere übernommen hat. Und plötzlich ist es gleichgültig, ob sich die Dinge wirklich so zugetragen haben. Entscheidend ist nur noch, dass man spürt: Ich schreibe mich immer näher an mich selbst heran – an etwas, was mich in der Tiefe beschäftigt und zu dem ich keinen Zugang gefunden hätte ohne die Anstrengung des Erzählens.

Die Kraft, die jetzt dazugekommen ist, ist die Einbildungskraft, die Phantasie als die Fähigkeit, sich Mögliches vorzustellen. Sie mischt sich ein, sobald wir mit dem Erzählen beginnen, und sie ist die zweite Dimension, in der wir unsere Themen finden können. Alle Menschen sind Tagträumer, und die Art, wie unser Leben ist, wird massgeblich durch Vorstellungen darüber bestimmt, wie es auch ganz anders sein könnte. Schriftsteller sind besonders geübte Tagträumer – Leute, die es verstehen, sich planvoll und über lange Zeit den eigenen Phantasien zu überlassen. Was sie dabei lernen, ist vor allem dieses: denjenigen Vorstellungen zu trauen, die ihnen der *unbewusste* Teil der Phantasie zuspielt. Sie haben meist die grösste Bedeutungsdichte und die grösste Wucht, und sich ihnen zu überlassen ist oft der Königsweg, um herauszufinden, was einen tief innen beschäftigt. Ein Thema für eine Erzählung zu finden, besteht nicht selten in der Anstrengung, die Bilder der eigenen Phantasie

14

zu dechiffrieren. Das Schreiben ist in dieser Hinsicht dem psychoanalytischen Geschehen verwandt: Es geht darum, die innere Zensur zu lockern und Dinge an die Oberfläche kommen zu lassen, die sonst nur im Untergrund wuchern. Doch anders als in der analytischen Situation kommt zu der träumenden Gemütslage die ausserordentliche Wachheit hinzu, die nötig ist, um das Traummaterial kompositorisch und stilistisch, also unter Kunstzwang, durchzuarbeiten. Es verbinden sich im Prozess des Schreibens die herabgesenkte Wachheit des Tagtraums mit der gesteigerten Wachheit der kunstvollen Artikulation. Man könnte von einer paradoxen Wachheit sprechen.

Neben Erinnerung und Phantasie gibt es noch eine dritte Dimension, die bei der Suche nach einem Thema wichtig ist: die gesteigerte Aufmerksamkeit den eigenen Empfindungen gegenüber. Es kann um die Entdeckung gehen, dass man gar nicht vor *dieser* Sache Angst hat, sondern vor *jener*, dass es gar nicht Angst ist, sondern Scham oder Wut, und dass man sich aus diesen oder jenen Gründen darüber getäuscht hat. Das Thema zu finden, heisst dann, derjenigen Empfindung zum Durchbruch und zur Transparenz zu verhelfen, die sich hinter anderen versteckt hatte.

Erinnerung, Phantasie und Klärung der Empfindungen als Mittel, sein Thema zu finden. Heisst das, dass alle Erzählungen letztlich autobiographisch sind? Weil sie doch auf diese vielfältige Weise mit dem Autor zu tun haben?

Die Antwort ist: Nein, das heisst es keineswegs. Jedenfalls dann nicht, wenn man das Wort ‹autobiographisch› in seiner gewöhnlichen Bedeutung liest, in der es heisst: von den Ereignissen des eigenen Lebens handelnd. Natürlich gibt es literarische Erzählungen von grosser Kunstfertigkeit, die in diesem strikten Sinne vom Leben des Autors handeln: Peter Handkes *Der kurze Brief zum langen Abschied* etwa, oder

Mein Leben als Sohn von Philip Roth, oder *Montauk* von Max Frisch. Aber die allermeisten literarischen Erzählungen sind, obgleich in der Erinnerung, der Phantasie und der emotionalen Identität des Autors verwurzelt, in diesem Sinne nicht autobiographisch, sondern fiktional, also Erfindungen.

Eine nützliche Unterscheidung bei diesem Thema ist diejenige zwischen *autobiographisch* und *authentisch*. Autobiographisch hiesse, wie gesagt: vom eigenen Leben berichtend. Authentisch dagegen heisst: gedeckt durch eigene, von innen her gekannte Erfahrung. Eine authentische Erzählung ist eine, in der Erfahrungen zur Sprache kommen, bei denen der Autor sich auskennt. Ihre Echtheit liegt nicht in der Nähe zu den Tatsachen seines äusseren Lebens, sondern darin, dass sie Erfahrungen ausspinnt und in die Phantasie hinein verlängert, die nicht irgendwelche, nur ausgedachte oder vom blossen Hörensagen bekannte Erfahrungen sind, sondern solche, deren Logik und Dynamik ihn und sein Erleben massgeblich bestimmen. Es sind diese Erfahrungen, die ihn bei der Entwicklung einer Geschichte leiten, wie weit weg sie sonst auch sein mag von der eigenen Lebensgeschichte.

«Wie viel hat das alles mit Ihnen persönlich zu tun?», werden Autoren oft gefragt. Die richtige Antwort ist: «Es hat *alles* mit mir zu tun.» Aber eben nicht in dem Sinne, dass die Erzählung ein Lebensbericht wäre, sondern in dem viel tieferen Sinne, dass sich in ihr zeigt, wie der Autor sein Leben erlebt – sein Leben jenseits der äusseren Fakten und Geschehnisse. Man offenbart und verrät sich in seinen Geschichten, auch wenn darin nichts vorkommt, was ein biographisches Protokoll verzeichnen würde. Deshalb ist die Frage nach dem autobiographischen Hintergrund einer Erzählung im Grunde überflüssig und uninteressant.

Warum erfinden?

Warum nun erfindet man Geschichten, wenn es doch darum geht, eigene Erfahrungen zur Sprache zu bringen? Man könnte von einem Paradox der Fiktion sprechen: Um sich selbst zur Sprache zu bringen, spricht man über andere, erfundene Figuren. Und man hat dabei weder das Gefühl, sich hinter den Figuren notdürftig zu verstecken, noch, sich von sich und den eigenen Erfahrungen zu entfernen. Im Gegenteil: Je tiefer man sich in die erfundenen Figuren hineindenkt, desto mehr hat man den Eindruck, ganz bei sich selbst zu sein. Und weil die schöpferische Phantasie diese Erfahrung der Nähe zu sich selbst ermöglicht, schafft die literarische Vergegenwärtigung ein besonders intensives Erleben von Gegenwart, das jede äussere, sinnliche Gegenwartserfahrung an Intensität und Tiefe weit übertrifft.

Das Paradox der Fiktion löst sich auf, wenn man sich diejenige Eigenschaft am Prozess des Erfindens vor Augen führt, die vielleicht die wichtigste ist: Verdichtung. Wer eine Romanfigur erfindet und sie mit einem Plot umgibt, um sie in der Tiefe verständlich zu machen, der konzentriert sich auf ein Segment oder eine Schicht seiner Welt- und Selbsterfahrung, lässt sie hervortreten und tut nun alles, um ihr möglichst scharfe Konturen zu geben. Das Ziel dieser Konturierung leitet jeden Schritt in der Entwicklung der Figur, und die Konzentration auf diese eine, ausgezeichnete Dimension des Erlebens macht die besondere Künstlichkeit einer jeden Romanfigur aus – eine Künstlichkeit, die nichts Negatives ist, was man einer positiv verstandenen ‹Natürlichkeit› gegenüberstellen könnte, sondern eine Künstlichkeit im Sinne einer Verdichtung und Konzentriertheit, wie sie unverzichtbar ist, wenn man sich ein Thema literarisch erarbeiten will. Alle unvergesslichen Romanfiguren besitzen diese Art von kunstvoller Konzentriertheit: Madame Bovary, Anna Karenina, Josef K., Humbert Humbert, Homo Faber, Adrian Leverkühn. Und eben auch Matthäi, der Kommissär. In einem wirklichen Leben, wie es dasjenige eines Autors ist, gibt es diese Konzentriertheit nicht. Ein wirkliches Leben ist vielfältig geschichtet, es bildet einen Kokon aus den unterschiedlichsten Themen, nichts ist eindeutig und kristallin. *Das Schreiben einer Erzählung, könnte man sagen, schafft Laborbedingungen, um auf einen Teil der unübersichtlichen Innenwelt mit dem Mittel der dramatischen Zuspitzung ein ungewöhnlich helles und klares Licht zu werfen.* Und wenn man es so sieht, ist es nicht mehr paradox, wenn einer, um sich selbst zu verstehen, einen anderen, Fremden erfindet. Die Inszenierung des Fremden ist eine Inszenierung seiner selbst, nur eben in einer analytischen Dichte und Transparenz, die durch einen autobiographischen Bericht nie zu erreichen wäre.

Figuren und Handlungen entwirft man also, um sich ein Thema zu erarbeiten. Es ist keine Übertreibung zu sagen, dass das ein aufregender, manchmal sogar atemloser Prozess ist. Das hat damit zu tun, dass es auch eine innere Entdeckungsreise ist. Man kann nicht beginnen, ohne die vorläufigen Konturen eines Themas vor sich zu haben. Nur so kann man wissen, von welchen Figuren und welchem Drama die Rede sein soll. Doch dann kann es geschehen, dass man entdeckt: Eigentlich ist es gar nicht dieses Thema, das mich bewegt, sondern jenes: nicht Würde, sondern Gleichmut; nicht Intimität, sondern Selbstbehauptung; nicht die Trauer über die verrinnende Zeit, sondern Trauer über ungelebtes Leben. Man hätte das nicht herausfinden können, wenn man nicht damit begonnen hätte, das erste, vermeintliche Thema zu inszenieren. Man kann schon mitten in einem Buch sein, um dann zu entdecken: Eigentlich will ich gar nicht dieses

18

Buch schreiben, sondern ein ganz anderes. Man kommt sich durch solche Irrwege auf die Spur, und nicht selten ist auch Erschrecken im Spiel.

Auf der Suche nach Themen für Erzählungen habe ich mich auf eine Weise kennengelernt, wie ich das vorher nicht kannte. Ich stosse auf einen Stoff, der mich begeistert, setze mich erwartungsvoll hin – und nichts passiert, es kommen keine Bilder, und es kommen keine Worte. Oder ich notiere auf einem kleinen Zettel eine Beobachtung, eine Erinnerung, eine Phantasie – und plötzlich ist der Zettel viel zu klein, und ich bin mit einer Erzählung unterwegs, die zu einem Thema spricht, das ich nie in meinem verborgenen Repertoire vermutet hätte.

Figuren schaffen: Perspektive

Als Kind wohnte ich in der Nähe eines Heims für geistig behinderte Mädchen. Die Eltern nannten es eine *Anstalt*, und seither kann ich dieses Wort nicht mehr ohne Schrecken hören. Der Heimleiter, ein grosser, kettenrauchender Mann mit einem hinterhältigen Grinsen, hatte einen Sekretär namens Karl, einen unscheinbaren, mausgrauen Mann, der einem durch seine kleinen, trippelnden Schritte und die ewig gleiche schwarze Krawatte in Erinnerung blieb. Eines Tages schickte der Heimleiter Karl auf eine Weltreise, wie man es nannte. Damit er endlich etwas anderes sähe als die Anstaltmauern und die langsam fliessenden Gesichter der Mädchen. Nach drei Monaten, genau wie verabredet, erschien Karl im Zimmer des Heimleiters. Niemand wusste, was er zu ihm sagte und ob er überhaupt Worte fand. Er zog seine Armeepistole, erschoss den Leiter und rief dann die Polizei. Zu seiner Tat soll er kein einziges Wort gesagt haben.

Ist das nicht ein Drama, das geradezu danach schreit, erzählt zu werden? Man müsste Karls Leben erfinden, ein Leben, in dem etwas explodierte, als die Eindrücke der fernen Welt auf es einstürzten. Warum hasste er den Heimleiter dafür, dass er ihn diesen Eindrücken ausgesetzt hatte? Fühlte er sich missbraucht, als Versuchskaninchen behandelt? War es der Schrecken, nun wieder zurückzumüssen hinter die Anstaltsmauern, ein Schrecken, den er ohne die Weltreise so nicht hätte erleben müssen? Das Thema könnte sein: Verleugnung von Leben, und wie sie jemandem helfen kann zu überleben. Oder: Wie Hass entsteht durch Manipulation, also Beschädigung von Selbstbestimmung. Oder: Wie die Begegnung mit verborgenen Gefühlen und Wünschen zu einem inneren Drama führen kann, das sich in Projektionen nach aussen entlädt.

Nehmen wir an, das Drama von Karl, dem Anstaltssekretär, lässt Sie nicht mehr los, Sie spüren, dass es etwas mit Ihnen zu tun hat, und deshalb wollen Sie eine Erzählung darüber schreiben. Was für erzählerische Entscheidungen müssten Sie treffen? Es ginge, wie wir gleich sehen werden, um drei Dinge: die Wahl der *Erzählperspektive*; die besondere Art der *Spannung*, die sie erzeugen wollen; den *Stil*, also die Wahl der Worte und ihrer Musik.

Was ist das: eine Perspektive des Erzählens? In ihr kommt zum Ausdruck, welchen Abstand der Erzähler zu seinen Figuren wahrt. Die Nähe und Ferne, die es da geben kann, trägt viel zur Atmosphäre des Textes bei – zu der Art und Weise, wie er uns berührt. Und diese Atmosphäre ist nichts der Geschichte Äusserliches, sondern ein Teil von ihr. Es ist nicht etwas, was *gesagt* wird, sondern etwas, was sich *zeigt* – und etwas, was *nur* in einem solchen Zeigen zum Ausdruck gebracht werden kann.

Hier ist der Anfang von Jane Austens Roman *Emma*:
«Emma Woodhouse, gutaussehend, klug und reich, im Besitz eines gemütlichen Heims sowie einer glücklichen Veranlagung, vereinigte sichtlich einige der besten Gaben des Lebens auf sich. Sie war schon fast einundzwanzig Jahre auf der Welt, ohne je wirklich Schweres oder Beunruhigendes erlebt zu haben.»

Peter Handke verglich den Eintritt in eine Erzählung mit dem Hinaustreten auf eine Lichtung: Wir lassen für die Zeit des Lesens das Gestrüpp und Dickicht unseres Lebens hinter uns und lassen uns von einem Text fesseln, der uns eine menschliche Möglichkeit in besonderer Klarheit und Dichte vor Augen führt. Die Perspektive, aus der erzählt wird, ist gewissermassen das besondere Licht, das auf dieser Lichtung herrscht. Bei Jane Austen ist es das helle, kühle Licht der grossen Distanz, der allwissenden Objektivität. Ganz gleich, was Emma Woodhouse über sich weiss und wie sie sich sehen mag – die Erzählerin sagt uns mit verbindlicher Autorität, wie die Dinge wirklich liegen. In diesem kühlen Licht können die dramatischen Dinge, die nun auf die behütete Emma zukommen, mit perfekter Übersicht dargestellt werden, es kann eine verbindliche Entwicklungsgeschichte erzählt werden, es können Selbsttäuschungen aufgedeckt werden, und eine solche erzählerische Distanz zu einer Figur lässt ihr gegenüber im Prinzip auch Humor und Ironie oder Hass und Verachtung zu. Die Empfindung gleicht der Empfindung bei einer filmischen Totale, und das Entscheidende ist: Diese Empfindung ist der Erzählung nicht äusserlich. Beispielsweise gehört sie wesentlich zu der Art und Weise, in der wir den Roman erinnern. Bei literarischen Erzählungen vergessen wir oft die Einzelheiten, erinnern uns aber genau an die Atmosphäre, die viel mit der Erzählperspektive zu tun hat. Wir haben dabei das Gefühl, uns an das Wesentliche zu erinnern – und wir haben recht.

Hören Sie als nächstes den Anfang von Franz Kafkas Roman *Das Schloß*:
«Es war spät abends als K. ankam. Das Dorf lag in tiefem Schnee. Vom Schloßberg war nichts zu sehen, Nebel und Finsternis umgaben ihn, auch nicht der schwächste Lichtschein deutete das große Schloß an. Lange stand K. auf der Holzbrücke die von der Landstraße zum Dorf führte, und blickte in die scheinbare Leere empor. Dann ging er ein Nachtlager suchen;»

Hier spricht immer noch, wie bei Jane Austen, ein Erzähler, der von der Figur verschieden ist. Aber er ist viel näher an ihr dran, und die Nähe zeigt sich daran, dass wir die Szenerie durch die Augen von K. geschildert bekommen. So bleibt es durch das ganze Buch: Nie erfahren wir, was denn nun mit dem Schloss eigentlich ist; es geht einzig und allein um die beklemmenden Erfahrungen, die K. damit macht. Und anders dürfte es auch nicht sein, denn nur so werden die Themen des Buches sichtbar: Vergeblichkeit, Ohnmacht, Willkür und vielleicht auch die Erfahrung einer unverstandenen Schuld. Verglichen mit der Wucht, die die Perspektive setzt, wäre jeder psychologische Kommentar über das Befinden von K. kraftlos und beinahe lächerlich. Und wiederum gehört die Erzählperspektive auch in dem Sinne zum Inhalt, als wir den Roman nicht zuletzt durch die Atmosphäre erinnern, die sie erzeugt.

Noch näher an eine Figur rückt der Autor, wenn er sie selbst erzählen lässt. Er muss ihr dann eine Sprache geben, eine stilistische Individualität, durch die sie direkt zu uns spricht. Hier ist der Anfang von Jerome David Salingers *The Catcher in the Rye*:

«Wenn ihr das wirklich hören wollt, dann wollt ihr wahrscheinlich als Erstes wissen, wo ich geboren bin und wie meine miese Kindheit war und was meine Eltern getan haben, bevor sie mich kriegten, und den ganzen David-Copperfield-Mist, aber eigentlich ist mir gar nicht danach, wenn ihr's genau wissen wollt.»

Dieser Satz ist wie ein Lichtschacht, der in die Figur dieses Teenagers hineinführt, und der perspektivische Unterschied zu Jane Austen ist riesig. Er muss es auch sein, denn das Thema des Buches hat nichts mit einem objektiven, distanzierten Verstehen einer Figur zu tun, sondern mit dem subjektiven, chaotischen Erleben des Jungen, der darum kämpft, erwachsen zu werden, und den Leser dabei zum Zeugen und Komplizen haben möchte. So, in dieser Perspektive, werden wir ihn in Erinnerung behalten, lange noch, nachdem wir die Dinge im Einzelnen vergessen haben.

Mit der Ich-Perspektive kann man ganz verschiedene thematische Elemente zum Ausdruck bringen, und ich habe nicht die Zeit, richtig in diese Vielfalt einzutauchen. Aber hören Sie noch, was auch geht:

«Heute war ich nicht in der Schule. Das heisst doch, ich war da, aber nur, um mir von Klassenlehrer freigeben zu lassen. Ich habe ihm das Schreiben meines Vaters überbracht, in dem er wegen ‹familiärer Gründe› um meine Freistellung nachsucht. Der Lehrer hat gefragt, was das für familiäre Gründe seien. Ich habe gesagt, mein Vater sei zum Arbeitsdienst einberufen worden; da hat er weiter keine Schwierigkeiten gemacht.»

Das ist der Anfang von Imre Kertész' *Roman eines Schicksallosen*, in dem der Schrecken der Konzentrationslager von der arglosen Stimme eines Kindes erzählt wird. Die Ich-Perspektive als verfremdende Perspektive, die kaum auszuhalten ist, so dass ich nur wenige Seiten am Tag lesen kann.

Schrecken durch verfremdende Arglosigkeit: Fast könnte man sagen, dass in diesem grossartigen Buch die Perspektive der ganze Inhalt ist. Und dass das Buch zu verstehen vor allem heisst, seine Erzählperspektive zu verstehen.

Man kann den Beitrag, den die Wahl der Perspektive zu einer Erzählung leistet, kaum überschätzen. Das wird einem klar, wenn man das Experiment macht und eine gegebene Erzählung in einer anderen Perspektive umschreibt: Die Handlung bleibt dieselbe, und doch ist der Inhalt ein ganz anderer. Was übrigens bedeutet, dass einem eine Erzählung auf so viele Weisen misslingen kann, wie es Perspektiven gibt, die nicht zu ihr passen. In der Erzählung *Montauk* notiert Max Frisch lakonisch: «Eine literarische Erzählung, die im Tessin spielt, ist zum vierten Mal missraten; die Erzähler-Position überzeugt nicht» (21).

Sollten Sie also über Karl, den Anstaltssekretär, schreiben wollen, müssten Sie als erstes die richtige Perspektive finden – diejenige, die das Thema, wie Sie es sehen, am besten zum Ausdruck bringt. Denkbar wäre, dass Sie als Erzähler einen Gerichtsreporter wählen, der sich aufmacht, die überraschende Tat aus der Geschichte von Karls Leben zu verstehen. Sie lassen ihn recherchieren und mit den Leuten reden, die ihn gekannt haben, auch mit solchen, denen er auf der grossen Reise begegnet ist. Karl bleibt stumm, es bleibt bei dem distanzierten Blick eines neutralen Berichterstatters. Das wäre die Perspektive, die Dürrenmatt gewählt hat, um von Kommissär Matthäi zu erzählen. Ist es das, was Sie wollen? Ist die analytische Kühle einer solchen Erzählung das richtige Mittel, um das, was Sie in dem Drama als Ihr Thema zu erkennen meinen, zur Sprache zu bringen?

Am anderen Ende der Skala stünde eine Erzählung, in der Karl selbst berichtet, wie es dazu gekommen ist. Eine Ich-

Perspektive also. Als ich mit dem Schreiben anfing, war ich naiv genug zu denken, die Ich-Perspektive sei die leichteste, denn man kennt sie ja von sich selbst, wie man mündlich, in Briefen und Tagebucheintragungen spricht. Damit verglichen ist es ein Abstraktionsschritt, von aussen über eine erfundene Figur zu sprechen. In Wirklichkeit ist die literarische Ich-Perspektive die schwierigste. Denn ich spreche in ihr ja nicht, wie gewohnt, über mich, den Autor, sondern lasse jemanden zu Wort kommen, der gerade nicht ich bin. Es sind also *zwei* Abstraktionsschritte nötig: von mir weg zu einem anderen und dann noch in ihn hinein. *Ich muss dabei lernen, wie es ist, der andere zu sein.* Wie es beispielsweise ist, Karl zu sein, der Mann mit den trippelnden Schritten und der ewig schwarzen Krawatte, der an jenem Morgen die Armeepistole zieht. Und das ist deshalb so schwierig, weil es nicht darum geht, meine *eigene* Innenperspektive in Karl hineinzulesen, sondern mich in *seine* Perspektive hineinzudenken und hineinzufühlen, in ein ganz anderes Erleben also, das ich mit fortschreitender Zeit des Schreibens so gut kenne, dass ich in der fiktiven Direktheit der Ich-Form darüber sprechen kann.

Sie werden vielleicht denken: wie ein Schauspieler. Und die Analogie trägt insoweit, als es beide Male darum geht, dass ich hypothetisch ein anderer bin. Doch dann hört die Analogie auch schon auf. Denn während ein Schauspieler in eine vorgegebene Rolle hineinschlüpft, die er nur äusserlich, in Wort, Mimik und Bewegung, nachzubilden hat, muss der Autor einer Ich-Erzählung selbst eine andere Innenwelt erfinden und sich in ihr so fugenlos und flüssig zu bewegen wissen, dass er die Geschichte mit intuitiver Gewissheit fortspinnen und eine Stimmigkeit des Erlebens gewährleisten kann. Es ist erstaunlich, dass so etwas geht, aber es geht.

Nehmen wir an, Sie entscheiden sich, Karls Geschichte von aussen zu erzählen. Soll der Leser wissen, wie er aussieht?

Wie sein Blick ist und seine Gestik? Seine Haut, sein Haar? Wie sinnlich soll die Figur dem Leser gegenwärtig sein? Ist es vielleicht besser, eindringlicher, die Figur in dieser Hinsicht schemenhaft zu lassen? Wie viel von der Lebensgeschichte soll der Leser erfahren? Soll er sie aus Karls Äusserungen erfahren oder durch andere? In welchen Portionen? All das müssen Sie entscheiden, und jede solche Entscheidung wird der Erzählung eine bestimmte Farbe, einen bestimmten Charakter geben.

Und dann eine ganz wichtige Entscheidung: Soll die Erzählung behavioristisch sein und einfach davon handeln, was Karl tut und sagt? Oder wollen Sie die Sprache des Geistes sprechen und nachzeichnen, was er denkt, sich vorstellt und fühlt?

In der Kurzgeschichte *Was ist denn?* lässt Raymond Carver die Frau eines verschuldeten Ehepaars losziehen, um das Auto zu verkaufen. Aus dem Restaurant, wo sie mit dem Käufer sitzt, ruft sie den Mann zu Hause an. «Komm nach Hause», sagt Leo. «Nimm ein Taxi und komm nach Hause.» «Das geht nicht», sagt sie. «Ich hab dir gesagt, wir sind mitten beim Essen.» «Ich komm und hol dich ab», sagt er. «Nein», sagt sie … «Ich hab dir gesagt, so was gehört nun mal zu einem Abschluss. Sie sind scharf auf alles, was sie kriegen können.» Später ruft Leo im Restaurant an und versucht vergeblich, seine Frau zu sprechen. Und dann geht der Text so weiter: «Er wartet. Zwei, drei Stunden später klingelt wieder das Telefon. Als er den Hörer abnimmt, ist niemand am anderen Ende. Er hört nur das Freizeichen. ‹Ich bin hier, ich bin hier›, schreit Leo in den Hörer.»

Ein Mann, der in eine tote Leitung hinein «Ich bin hier, ich bin hier» schreit: Sie können die Sprache des Geistes und des Erlebens so kunstvoll handhaben, wie Sie wollen – diesen äussersten Grad von Verzweiflung werden

26

Sie nie besser beschreiben können. Sie glauben gar nicht, wie sehr ich Carver um diesen Einfall beneide.

Sollten Sie Karls Geschichte von aussen erzählen wollen, müssten Sie nach Handlungen und Äusserungen von vergleichbarer Dichte suchen. Momente in der Anstalt vor der Reise, Szenen auf der Reise, und natürlich die entscheidende Szene im Büro des Heimleiters nach der Rückkehr.

Nehmen Sie dagegen an, Sie wollen sich Karl und sein Unglück aus der Ich-Perspektive aneignen und für die Zeiten des Schreibens er *werden*. Zu wem wollen Sie sprechen? Direkt zum Leser? Und wenn nicht – zu wem dann? Was wäre das für eine Figur, zu der Sie als Karl sprechen wollen? Was ist das für eine Beziehung zwischen Karl und seinem Zuhörer? Wie verwandelt sie sich durch die Wucht des Erzählten?

Die Ich-Perspektive bietet eine grosse Chance: Man kann an der sprechenden Figur viele Dinge *zeigen*, statt darüber sprechen und sie beschreiben zu müssen. Das gilt vor allem für die Sprache, die man der Figur gibt. Es wird nicht die Sprache sein, die der Autor als er selbst sprechen würde. Es wird eine Sprache sein müssen, die der Figur eine rhetorische, stilistische Individualität gibt, durch die sie dem Leser in einer bestimmten Melodie ihres Lebens gegenwärtig wird. Wie beispielsweise in den Eröffnungssätzen von Martin Amis' Roman *Money*: «Als mein Taxi irgendwo zu Anfang der Hunderter vom FDR Drive abbog, schoss ein tiefergelegter Tomahawk voller schwarzer Jungs aus der Spur und scheuerte direkt an unserem Bug vorbei. Wir gerieten auf den Seitenstreifen, rasselten über den Strassenrand; zum Knall eines Gewehrschusses duckte sich das Taxidach runter und semmelte mir einen mitten auf den Kopf. Das hatte mir gerade noch gefehlt, kann ich Euch sagen, wo mir der Kopf, das Gesicht, der Rücken und das Herz sowieso schon die ganze Zeit weh taten und ich vom Flieger noch ganz besoffen, durch den Wind und in Panik war.» Allein schon durch diese wenigen Sätze ist einem die Figur in ihren inneren Umrissen deutlich: in ihrer rauen Verletzlichkeit, ihrer unbeholfenen Weltgewandtheit, ihrem tiefen Ressentiment, das beim Leser den Wunsch entstehen lässt, seinen Ursprung kennenzulernen. Es wäre schwierig, dasselbe zu erreichen, indem man *über* die Figur spricht, statt sie selbst reden zu lassen.

Und auch andere Dinge sind aus dieser Perspektive leichter zu erreichen als durch Beschreibungen von aussen: Wenn einer seine Geschichte direkt erzählt, können wir gewissermassen *hören*, was für ein Verhältnis er zu sich selbst hat, wie widersprüchlich er in seinem Denken und Fühlen ist, was er über sich weiss und was nicht, in was für Selbsttäuschungen er gefangen ist. Aber es ist eine gewaltige Aufgabe, die Sätze so fliessen zu lassen, dass man durch sie hindurch direkt ins Innere der Figur blicken kann. Es ist die schwierigste aller erzählerischen Aufgaben.

Spannung

Und das ist noch längst nicht alles, was Sie entscheiden müssen. Sie müssen vom ersten Satz weg eine Vorstellung davon haben, wie sie die Aufmerksamkeit des Lesers fesseln wollen. Anders ausgedrückt: welche Art von Spannung in ihrer Geschichte herrschen soll. «Ein unerhört spannender Roman», sagt man, «ich konnte gar nicht aufhören, habe atemlos immer weiterlesen müssen.» Wovon ist da die Rede?

Es kann um Spannung im Sinne des englischen Worts *suspense* gehen. Spannung in diesem Sinne ist die kunstvoll verzögerte Auflösung eines Konflikts. Jemand hat das Geld nicht, um die lebensrettende Therapie für seine Frau zu bezahlen. Was wird er tun? Stehlen? Von wem und wie? Wird er entdeckt, oder schafft er es? Ein Spion draussen in der Kälte droht enttarnt zu werden. Was macht der Geheimdienst? Ein Mitglied einer Widerstandsbewegung, das über das ganze Netzwerk Bescheid weiss, droht verhaftet und gefoltert zu werden. Was werden die anderen tun, um die Gefahr abzuwenden? Jemand hat ein Plagiat begangen, um seinen Ruf zu retten, und nun erscheint der Autor des gestohlenen Texts. Was wird geschehen? Kann die Katastrophe abgewendet werden? In diesem Sinne ist auch Dürrenmatts Erzählung spannend: Was wird Matthäi, der nicht mehr ins Amt zurückkann, tun, um sein Versprechen einzulösen, das er der Mutter des toten Mädchens gegeben hat? Behält er Recht mit seiner Annahme, dass der Täter bei dieser Tankstelle vorbeikommen muss?

Die Einstellung, die einen bei dieser Art Spannung in Atem hält, ist: Man will wissen, was geschieht. Man liest immer weiter, bis man es erfahren hat. Man könnte auch sagen: bis man die ersehnte Information bekommen hat. Deshalb kann man Spannung auch so beschreiben: Man baut im Leser den Wunsch auf, etwas zu erfahren, und nun zögert man die entscheidende Information immer weiter hinaus. Das ist das Prinzip des gewöhnlichen Kriminalromans, bei dem es darum geht herauszufinden, wer es war. Und es ist auch das Prinzip des Spionageromans, bei dem bis zum Schluss offen bleibt, ob die heikle Operation gelingt oder misslingt. Es ist die Atemlosigkeit des Thrillers.

Das gibt es auch bei Dürrenmatt, wenn Polizei und Staatsanwalt zusammen mit Matthäi auf die Rückkehr des Mannes warten, der dem Mädchen die verführerische Schokolade gegeben hatte: «Es gab für uns nichts mehr in der Welt als diesen durch den Herbst verzauberten Wald mit dem kleinen Mädchen im roten Rock auf der Lichtung. Wir warteten auf den Mörder, entschlossen, gierig nach Gerechtigkeit, Abrechnung und Strafe» (129).

Aber Dürrenmatts Erzählung fesselt uns keineswegs nur in dem Sinne, dass wir atemlos darauf warten, ob Matthäi am Ende Recht behält und den Täter zu fassen bekommt. Sie fesselt uns auf viel tiefere und umfassendere Weise, indem sie uns in die Untiefen eines Lebens hineinführt und uns zeigt, was einem Menschen von innen her zustossen kann. Das ist jetzt nicht mehr *suspense*, es ist etwas grundsätzlich anderes: die Faszination durch wachsendes Verstehen.

Tatsächlich glaube ich, dass Menschen nie so sehr gefesselt sind wie in Situationen, wo sie spüren, dass sie etwas Neues verstehen oder etwas neu verstehen. Dann kann man die Stecknadel fallen hören. Und umgekehrt: Im Grunde langweilen wir uns alle, wenn nur *suspense* ist, ohne dass unsere Fähigkeit des Verstehens herausgefordert wird, und zwar nicht die Fähigkeit des routinierten, oberflächlichen Verstehens, sondern eines Verstehens, das sich den Weg in die Tiefe der Figuren bahnt, in Figuren wie Matthäi, an denen man erkennen lernt, was ein menschliches Leben für Möglichkeiten in sich birgt – Möglichkeiten an Glück, Leid und Grausamkeit. Der Test ist, ob wir die Erzählung noch öfter lesen werden, auch wenn längst alle *suspense* erloschen ist. Wie bei Dürrenmatt.

Ihre Geschichte über Karl, den Anstaltssekretär, könnte auf zwei ganz verschiedene Weisen fesseln. In der einen Variante erzählen Sie linear, vom Anfang bis zum Ende: Er packt die Koffer, gleitet durch die Episoden der Reise und steht am Ende wieder vor dem Anstaltsleiter. Die Spannung, die Sie beim Leser aufbauen, lautet: Mein Gott, was wird mit dem trippelnden, mausgrauen Mann, der den langweiligen Vorort von Bern noch nie verlassen hat, passieren, wenn er auf die grelle, weite, verführende und fordernde Welt trifft?

Wenn er einen Flughafen betritt und in Bangkok durch die Tempelanlagen geht? Wenn er in der Lobby eines Sheraton-Hotels sitzt? Wenn er in San Francisco am Pazifik steht und Richtung Hawaii blickt? Wenn er sich mit seinem eingerosteten Schulenglisch verständlich machen muss? Die Lektüre könnte atemlos machen, weil man gespannt und in Unkenntnis des Ausgangs auf die nächste Wendung in der Geschichte wartet.

Doch Sie könnten Ihrer Geschichte auch eine andere Art der Spannung geben: Sie könnten Sie vom Ende her erzählen, vom Schuss aus der Armeepistole. Nun gäbe es kein Warten auf den Ausgang, keine *suspense*. Gefesselt wäre der Leser auch jetzt, aber auf andere Weise: Wie konnte das passieren? Was für verborgene Kräfte gab es in Karl hinter den Anstaltsmauern, Kräfte, die nun zum Durchbruch kamen? Es wäre die Faszination durch wachsendes Verstehen, die hier über die Aufmerksamkeit des Lesers Regie führte. So macht es Gabriel García Márquez in *Chronik eines angekündigten Todes*.

Sie brauchen ein erstes intuitives Verständnis von Karl – ein Verständnis davon, wie es ist, er zu sein. Mit diesem Verständnis im Sinn versetzen Sie sich in fiktive Situationen und lassen sich von der Einbildungskraft sagen, was Karl denkt, fühlt und tut. Es überrascht mich stets von neuem, wie zwingend das ist, was dabei herauskommt. Es überrascht mich, weil die Figuren ja schliesslich Geschöpfe meiner Phantasie und meines Willens sind, so dass ich sie eigentlich nach Belieben müsste manipulieren können. Aber so ist es nicht. Die Figuren widersetzen sich bestimmten Zuschreibungen, sie bestimmen selbständig über ihr Schicksal, und sie können mich überraschen. Warum? Natürlich nicht, weil sie in einem mysteriösen, dubiosen Sinne unabhängig von mir existierten. Das zu denken wäre schlechte Metaphysik.

Ihre Widerständigkeit und Autonomie ist darin verwurzelt, dass die Kräfte hinter der Konstruktion der Figuren weitgehend unbewusst sind. Wenn man sich mit ihrem Eigensinn und ihrer Widerspenstigkeit konfrontiert sieht, dann geht diese Widerspenstigkeit auf eine Diskrepanz zwischen dem oberflächlichen Selbstbild des Autors und seinem tieferen, gegenläufigen Willen zurück. Die Figuren und ihre zwingende Logik belehren mich über die Unterströmungen, die hinter meinem Rücken die Drift meines Lebens bestimmen. Was ich an ihrer Widerspenstigkeit erkennen kann, ist, dass ich, entgegen dem bewussten Plan, einfach nicht *will*, dass die Figur so handelt. Der unbewusste, unbekannte Wille, der sich hier zeigt, ist das, was mich überrascht: Bisher hatte ich nicht gedacht, dass ein solcher Wille Teil von mir sein könnte.

So würde es auch Ihnen gehen. In der Art, wie Sie den trippelnden Karl aufwachsen, zur Schule gehen und zu seiner Anstellung kommen lassen, zeigte sich, wie Sie Ihr eigenes Leben erleben; es käme das wenige zum Vorschein, das Sie darüber wissen, und das viele, das Sie nicht wissen. Sie würden sich vielleicht darüber wundern, wem Ihr Karl alles begegnet: was es da einmal für Frauen gegeben hatte, für Freunde und Feinde; welcher Gemeinheiten Karl fähig war; was er an seinem Leben trotz allem auch genossen hatte, bevor die Erschütterung durch die Weltreise kam. Es könnte sein, dass Sie mit einem Karl beginnen, der nur Opfer war, so dass der Schuss aus der Armeepistole die einzige Möglichkeit blieb, sich selbst zur Sprache zu bringen. Und dass Sie dann merken, dass sich Karl widersetzt: dass er ein anderes, komplizierteres Leben will als dasjenige der grauen Maus, die sich für eine endlose Reihe von Entbehrungen und Enttäuschungen rächt. Vielleicht schiesst er gar nicht, weil er sich auf tückische Weise missbraucht fühlt, sondern weil ihm auf der Reise etwas anderes an seinen Gefühlen dem Anstaltsleiter gegenüber klargeworden ist? Welche Wendung Sie der Geschichte auch geben: Sie werden sich daran erkennen und sich darin verraten.

Die Wahl der Worte

Literarische Erzählungen kann man so definieren: In ihnen wird ein Teil des Inhalts durch die Form ausgedrückt. Zur Form gehört neben der Perspektive und der besonderen Art von Spannung die Wahl der Worte, also der Stil.

Wer ein Sachbuch schreibt – über Bergbau etwa oder die Entstehung des Universums –, kann das sprachlich holprig oder flüssig tun, umständlich oder elegant, und wir werden das eine lieber lesen als das andere. Aber die Worte und Sätze sind nur Medium der Mitteilung und nicht selbst Thema. Man könnte sagen: Die stilistischen Fakten sind nicht Teil der mitgeteilten Fakten, sie sind ihnen äusserlich, und wenn sie gegen andere ausgetauscht würden, änderte sich an der Sache, von der das Sachbuch handelt, nichts. Die Worte sind kein Teil der Sache.

Ganz anders bei einem literarischen Text. Natürlich spricht auch er von einer Sache – den Figuren und ihren Handlungen, dem Plot. Doch das Wichtigste an dem Text ist, *wie* er davon spricht. Das wird deutlich, wenn wir uns darauf beschränken, das blosse Geschehen zu nennen: Emma Bovary, eine gelangweilte Arztgattin, nimmt sich zwei Liebhaber, verschuldet sich bis über die Ohren, weiss keinen Ausweg mehr und nimmt Arsen. Das stimmt, klingt aber banal wie eine Geschichte in der Boulevardpresse. Und es *war* eine Geschichte in dieser Presse, die Flaubert als Vorlage diente. Dass daraus ein Buch wurde, das wir immer wieder lesen wollen, hat mit all den vielen Worten und Sätzen zu tun, die Flaubert inszenierte, indem er die Geschichte erzählte. In gewissem Sinne waren die Dinge, die Madame Bovary tut, für ihn nur ein Vorwand, all die Worte zu zelebrieren, aus denen die Geschichte besteht. Als ungefähr fünfzig Seiten des Romans standen, schrieb cr in einem Brief an Louise Colet: «Was mir schön erscheint und was ich machen möchte, ist ein Buch über nichts, ein Buch ohne Bindung an Äusseres, das sich selbst durch die innere Kraft seines Stils trägt ... ein Buch, das fast kein Sujet hätte, oder bei dem das Sujet zumindest fast unsichtbar wäre, wenn das möglich ist ...»

Es gibt hier eine Analogie zur Oper: Viele Libretti – also Plots – sind läppisch oder von übertriebener Pathetik, und nicht selten entbehren sie jeglicher Plausibilität. Doch letztlich gehen wir ja auch nicht wegen des Plots in die Oper, sondern wegen der Musik. Wir gehen immer wieder, weil wir diese Musik hören wollen. Und so ist es auch bei literarischen Texten: Wir lesen sie immer wieder, weil wir die Musik dieser Worte hören wollen. *«Poesía é canto sem música»*, Poesie ist Gesang ohne Musik, schreibt Fernando Pessoa. Das gilt für literarische Prosa nicht weniger als für Gedichte.

Wer versteht, worauf es bei einem Gemälde ankommt, käme nicht auf die Idee zu sagen: Nun weiss ich, was darauf abgebildet ist und brauche nie wieder hinzusehen. Das hätte einen komischen, geradezu absurden Klang, denn wir wissen: Es kommt nicht auf die Sonnenblumen oder die Kreuzigung an, sondern darauf, wie van Gogh oder El Greco sie gemalt haben. Und diese Farben, diese Perspektive und diesen Pinselstrich wollen wir immer wieder sehen. Das Kriterium für einen literarischen Text ist, ob es uns damit auch so geht: ob wir ihn auch immer wieder lesen wollen, obwohl wir den Inhalt längst kennen. Ob wir ihn also wegen seiner Form immer wieder lesen und immer wieder auf diese stilistische Lichtung hinaustreten wollen.

Max Frisch wurde gefragt, warum Julika Stiller rothaarig sei. Er grinste in die Kamera und sagte: «Dieses Wort passte am besten zum Rhythmus des Satzes». Ich traute meinen Ohren nicht, und erst nach einer Weile begriff ich, dass das kein Scherz war: Die Form kann den Inhalt bestimmen. In diesem Moment hatte ich das erste Mal das Gefühl zu verstehen, worum es in der Literatur geht.

Wenn man sich in eine Erzählung hineinschreibt, so hat das Verwandtschaft mit dem Ausprobieren von Melodien. Das gilt schon für die Wahl der Namen. Karl, denke ich, könnte Karl *Prager* heissen. Die Wiederholung des *a* ist wichtig, es wird eine dunkle Tonart angeschlagen, die an den Hradschin bei Nebel erinnert und an die düsteren Mauern, hinter denen Karl Dienst tat. Ein kühler, karger Name mit einer gewissen Härte darin.

Musikalische Elemente gibt es auch sonst viele in einem literarischen Text. Ein Text hat einen bestimmten Atem, einen Rhythmus und eine Melodie. Hören Sie den Eröffnungssatz aus Laurence Sternes *Tristram Shandy*: «Ich wünschte, entweder mein Vater oder meine Mutter, oder fürwahr alle beide, denn von Rechts wegen oblag die Pflicht ihnen beiden zu gleichen Teilen, hätten bedacht, was sie taten, als sie mich zeugten.» Vergleichen Sie diesen barocken, verzögerten Rhythmus mit dem Staccato zu Beginn von Samuel Becketts Roman *Molloy*: «Ich bin im Zimmer meiner Mutter. Ich wohne jetzt selbst darin. Wie ich hierhergekommen bin, weiss ich nicht.» Dazwischen liegen Welten.

Wie uns ein Buch berührt, ob wir es mögen oder nicht, hat viel mit solchen musikalischen Eigenschaften zu tun – mehr, glaube ich, als wir bemerken. Wir legen eine Platte auf und spüren: nein, das jetzt nicht. Wir schlagen ein Buch auf und spüren: Nein, diesen Klang will ich jetzt nicht. Menschen, die in Buchhandlungen blättern, tun etwas Ähnliches wie

Menschen, die in Musikgeschäften in Platten hineinhören: Sie prüfen Klang, Rhythmus, Melodie. Und sie haben Recht, wenn sie nach diesen Dingen gehen, denn bei einem literarischen Text erfasst man einen wichtigen Teil des Inhalts in seiner Musik.

Wenn das Finden der richtigen sprachlichen Form für eine Erzählung etwas mit dem Finden von Melodien zu tun hat, dann ist es ein Experimentieren und Vergleichen. Und so erlebe ich es auch. Unsicher, wie meine Erzählung klingen soll, schlage ich Dutzende von Büchern auf, blättere, lese laut – alles, um mich zu vergewissern, was an Rhythmus und Tonlage überhaupt möglich ist. Am Ende wird es nichts von dem sein, aber der Abgrenzungsprozess war unerlässlich. Und zu diesem Prozess gehört manchmal, dass ich Sätze aus anderen Büchern probeweise abschreibe, von Hand. Man kann etwas, was einem literarisch fremd ist, als motorischen Widerstand in der Hand spüren.

Wie würde die Sprache von Karl, dem Anstaltssekretär, klingen? Wie klingt die Sprache von einem, dessen Erleben so karg war, dass die Eindrücke einer Weltreise ihn vollständig aus der Bahn werfen? Karls Sätze, würde ich denken, müssten knapp und lakonisch sein, kein Wort zu viel, es müsste da einer reden, der mit jedem Wort zu erkennen gibt, dass er am liebsten überhaupt nicht reden möchte und dass er allem Reden misstraut. Ressentiment dem Leben gegenüber als Ressentiment den Wörtern gegenüber, ablesbar an der Kargheit des Ausdrucks. So könnte es gehen.

Einfach erzählen müssen

Bei Dürrenmatt fährt der Erzähler mit jemandem an der Tankstelle vorbei, wo der verwahrloste Matthäi bedient, und sofort hat er den Wunsch, dem anderen und auch sich selbst zu erzählen, wie es dazu kam. In gewissem Sinne *muss* er diese Geschichte erzählen. Es gibt Dinge, die man nur erträgt, indem man sie sich erzählerisch aneignet. Das ist einer der Gründe, warum es Literatur gibt.

Vor einiger Zeit sass ich am Flughafen von Mexiko City in einer Maschine und wartete auf den Rückflug. Die Türen waren schon lange geschlossen, man war erstaunt, dass nichts geschah, und die Leute wurden ungeduldig. Da meldete sich der Kapitän aus dem Cockpit. «Jemand ist auf die glorreiche Idee gekommen, nun doch nicht mit uns zu fliegen», sagte er, «und solange wir nicht rollen, können wir niemanden zwingen, gegen seinen Willen an Bord zu bleiben. Nun muss sein Gepäck gesucht und ausgeladen werden.» Der Mann, der nun auf die Tür zuging, hatte den Mantelkragen hochgeschlagen, wie um sich zu verstecken. Ich erhaschte trotzdem einen Blick auf sein Gesicht. Es war ein verletzliches Gesicht, ein Gesicht voller Unsicherheit und Schmerz. Als ich ihn dann auf der Gangway sah, war ich versucht, ebenfalls auszusteigen, ihm nachzugehen und herauszufinden, was ihn im letzten Moment umgestimmt hatte; die Geschichte dahinter kennenzulernen. Ich habe mich nicht getraut, die Tür nochmals öffnen zu lassen. Aber ich habe das Sitzenbleiben nur ausgehalten, indem ich zum Stift griff und mir Notizen zu einer Erzählung machte. Wenn schon nicht die wirkliche, so musste ich doch wenigstens eine mögliche Geschichte kennen.

Wenn ich die Geschichte eines Tages zu schreiben versuche, werde ich all die vielen Dinge zu entscheiden haben, von denen ich gesprochen habe: Handlung und Figuren; Thema; die Position des Erzählers; Aussenansicht und Innenansicht; die besondere Art der Spannung; die Wahl der Worte; Rhythmus und Melodie des ganzen Texts. Und nur wenn ich die Entscheidungen so treffe, dass diese verschiedenen Aspekte sich zu einem stimmigen Ganzen fügen, wird es eine Erzählung sein, die Sie nicht als etwas bloss Erzähltes erleben, sondern als eine Geschichte, von der es einfach unmöglich ist zu glauben, dass sie *nicht* stattgefunden hat.

JACOB BURCKHARDT-GESPRÄCHE
AUF CASTELEN

Das Signet des 1488 gegründeten
Druck- und Verlagshauses Schwabe
reicht zurück in die Anfänge der
Buchdruckerkunst und stammt aus
dem Umkreis von Hans Holbein.
Es ist die Druckermarke der Petri;
sie illustriert die Bibelstelle
Jeremia 23,29: «Ist nicht mein Wort
wie Feuer, spricht der Herr,
und wie ein Hammer, der Felsen
zerschmettert?»